AF341914

FÊTE

DU

100ᵉ ANNIVERSAIRE DE LA NAISSANCE

DE

MATHIEU DE DOMBASLE

CÉLÉBRÉE LE 25 FÉVRIER 1877

PAR LE

COMICE AGRICOLE DE LUNÉVILLE

IMPRIMERIE DE LUNÉVILLE

(C. GEORGE, Directeur)

45, RUE SAINTE-ÉLISABETH, 45.

FÊTE DU CENTENAIRE

MATHIEU DE DOMBASLE

Le 25 Février 1877, le Comice agricole de l'arrondissement de Lunéville, se réunissait, au grand salon des Halles, pour célébrer le 100ᵉ anniversaire de la naissance de Mathieu de Dombasle.

Étaient présents comme invités du Comice :

MM. le Préfet de Meurthe-et-Moselle ; Charles de Meixmoron-Mathieu de Dombasle, petit-fils de l'illustre agronome ; Albert de la Lance, neveu de Mathieu de Dombasle ; Saulnier de Fabert, Lallemand, Ollivier de la Lance, petits-neveux de Mathieu de Dombasle ; le Sous-Préfet de Lunéville ; J.-A. Barral, secrétaire perpétuel de la Société nationale et centrale d'agriculture de France, délégué par cette savante compagnie et par la Société des agriculteurs de France ; Chevandier de Valdrôme, membre de la Société nationale et centrale d'agriculture de France, délégué par la Société des agriculteurs de France ; Thiry, vice-président, délégué de la Société centrale d'agriculture de Nancy ; Millon, président de la Société d'agriculture de Bar-le-Duc, directeur de l'école pratique d'agriculture des Merchines (Meuse) ; Huyn, président, délégué du Comice agricole de Saint-Dié ; Aubry, président, délégué du Comice agricole de Toul ; Hercule Ferry, vice-président, délégué du Comice agricole de Saint-Dié ; Bruneau, secrétaire-archiviste, délégué de la Société centrale d'agriculture de Nancy ; Stoultz, trésorier, délégué du Comice agricole de Saint-Dié ; Loué, secrétaire, délégué du Comice agricole de Toul ; Cuny-Giraut, agriculteur à Saint-Dié, ancien élève de Roville ; Jules Dron, agriculteur à Dombasle, descendant des anciens fermiers de la famille Mathieu de Dombasle ; Bariset, agriculteur à Neuviller, fils du chef d'attelage de la ferme de Roville ; Louis Charles, agriculteur à Tomblaine ; Bécus, propriétaire à Nancy, auteur d'une biographie sur Mathieu de Dombasle ; Débuisson, conseiller général à Bayon ; Brice, conseiller général à Blâmont.

Étaient présents comme membres du Comice :

MM. Noël, président du Comice ; Keller, Gérardin, de Bouvier, vice-présidents; Paul Genay, secrétaire; Suisse, vice-secrétaire; Villard, Jacquet, Lescanne, Lamasse, Paul et Henry Parmentier, commissaires spéciaux; Fisson; de Landreville; Xardel, de Malzéville; Bertrand, père, Collignon, Ferdinand Castara, de Pleurre, père, de Pleurre, fils, Maire, garde général, Hamant, négociant, Maisse, boucher, Alphonse Berr, Poirine, avocat, E. Genay, père, Collet, limonadier, Fontaine, Jeanmaire, Camille Viox, Salmon, fils, Contal, forgeron, Myrtil Godchaux, Prosper Gadel, Augustin Claude, Edmond Guérin, de Lunéville; Blaise, maire à Vitrimont; Léon Moitrier, Camille Adrian, de Bénaménil; Edouard Geoffroy, de Marainviller; Joseph Rode, de Beaulieu; Legrand, maire à Marainviller; Roussel, d'Ogéviller; Jean-Pierre Dumas, Jean-Baptiste Dumas, de Buriville; Geoffroy, de Domjevin; Lessens, Alizon, d'Emberménil; Emile Edël, Isidore Houillon, d'Ancerviller; Lemoine, Charles Gérardin, d'Herbéviller; Marchal, maire, Gérardin, mécanicien, Aubry, instituteur, Charles Aubry, Claudel, mécanicien, Eugène Louis, Demange, de Flin; Joseph Thouvenin, de Vathiménil; Léon Alison, de Vaxainville; Bastien, maire, Bastien, fils, d'Hablainville; Joseph Louviot, de Merviller; Poirot, cultivateur à Brouville; Nicolas Perrin, Eugène Rolle, d'Hablainville, Joseph Dasse, Joseph Hellé, d'Azerailles; Bertrand, de Betaigne; Charles Berger, des Mossus; Léandre Marchal, de Moncel; Emile Marchal, de la Petite-Pologne; Edouard Marchal, de Beaupré; Germain Thomas, de Saint-Clément; Bertrand, de Saint-Richard; Poirot, de Mont; Marin de Rehainviller; Marin d'Adoménil; Collesson, de Martinbois; Collet, des Abouts; J.-C. Marchal, Colin, fils, de Raville; Alexandre Molard, Pierre Marchal, Lhuillier, fils, d'Einville; Choné, père, Choné, fils, de Valhey; Edmond Perrette, de Crévic; Auguste Vicquit, de Dehainville; Charles Dron, de Marainviller; Voinier, marchand de grains à Lunéville; Durand, cultivateur à Mont; Parmentier, boucher, Risse, boucher à Lunéville; Jaeger, meunier à Jolivet; Etienne Antoine, de Chenevières; Copin, négociant à Lunéville; Isidore Petit, de Verdenal; Mézières, banquier à Blâmont; Bazile François, d'Amenoncourt; Oscar Rousselot, de Blâmont; Charles Jeanjean, de Chazelles; Beaudoin, de Fricourt; Cosson, de Xoussé; Constant Bister, de Vého; Lhuillier, de Leintrey; Joseph Petit, Collesson, père, René Collesson, de Gogney; Alfred Cuny, Oury, d'Igney; Léonard, Demange, fils, de Frémonville; Guénaire, d'Harboucy; Victor Cholet, Charles Vanier, Poignon, aîné, de Blâmont; Pigenel, Collet, de Vigneulles; Grandeury, de Damelevières; Albert, de Bléhors; Nicolas, Bastien. Cargemel, de Blainville; Mégret, de Charmois; Genay, de Maimbermont; Gellenoncourt, de Barbonville; Chaton, de Blainville; Babon, de Sainte-Marie; Houzelot, Brice, de Saint-Mard; Florentin, Collet, Husson, d'Haussonville ; Robin, de la Maison-Rouge ; Genay, de Croismare ; Breton, d'Einvaux ; Collet, Rouyer, Crémel, de Froville ; Poirel, Thiéry. de Villacourt ; Berthaux, père, Berthaux, fils, J.-B. Mangenot, de Saint-Germain ; Boulay, Denis, de Lamath ; Rochefort, Villaume Jadin, Ferry, aîné, de Xermaménil ; Ferry, de Nancy ; Masson, entrepreneur à Lunéville ; Mangin, inspecteur des forêts ; Durand, de Jolivet ; Croiset, de Deuxville ; Bauquel, François Ganse, Droit, ingénieur, Petitjean, de Cirey ; François Liengey, Laurent, de Mignéville ; Didierjean, de Neuviller ; Perret-Helluy, de Badonviller ; Renaux, de Baccarat ; Hyacinthe Aubry, Séraphin Poirot, Louis Grandjean, Adrien Gérard, de Saint-Boingt ; Ch. Vuillaume, de Saint-Remy ; Emile Midon, Emile Bajolet, de Loromontzey ; Jules Cosserat, Louis Colin, Emile Houot, de Rozelieures ; Xoual, Colin, Edmond Laurent, d'Essey-la-Côte ; Grandeury, Charles-Joseph Gérard, Sorlat, Gérard, d'Anthelupt ; Boulanger, de la Rochelle ; Perrette, fils, Michel Benoist, Brincard, de Bienville-la-Petite ; Marchal, de Léomont ; François Perrette, de Crévic ; Jeanroy, Thomassin, de Flainval ; Schweitzer, Thirion, de Maixe ; Edouard Simonin, Joseph Colin, Charles Thomassin, Prosper Sabin, de Sommerviller ; Jeanmaire, d'Haigneville ; Domy, de la Fourasse ; Hannezo, juge, Vallet, de Lunéville ; Malnoy, Etienne Villemin, d'Arracourt ; Goudot, Joseph Poirel, Hubert Poirel, Vital Gellenoncourt, d'Athienville ; Miller, Ludovic Populus, Joseph Populus, de Bezange-la-Grande ; Julière, d'Hincourt-Athienville ; Charle Lebon, de Coincourt ; Lecaque, de Xures ; Marchal, de Bures ; Hazotte, d'Altroff-Arracourt ; Henry-Planté, de Gerbéviller ; Poirot, de la Borde ; Thiriet, Lhommé de Saint-Nicolas ; Adolphe Collet, de Serres ; Simonin, de Drouville ; Jeannot, Charles Collet, de Serres ; Bazin, de Sarrebourg ; Nodet, Joly, vétérinaires, Grandmangin, Somme, Weymuller, Ribierre, de Lunéville ; Adolphe Louis, de Moyen ; Barbier, de Crévic ; Eugène Liengey, de Mignéville ; Marin Barbier, de Crévic ; Collet, de Dombasle ; Freyermouth, de Lunéville ; Eugène Marchal, de Crévic ; Joseph Pérette, fils, de Bonviller ; Michel, de Bienville-la-Petite ; Joseph Cottel, de Moyen ; Prévot, de Maixe.

Un grand nombre d'autres personnes, étrangères au Comice, assistaient à la séauce.

Ont pris place au bureau : M. le Préfet de Meurthe-et-Moselle, M. Barral, M. le Sous-Préfet de Lunéville, M. Noël, président, M. Keller, vice-président, et M. Paul Genay, secrétaire.

— 6 —

A 11 heures 1/2 M. Noël ouvre la séance par les paroles suivantes:

Monsieur le Préfet, Messieurs les Présidents et Délégués
des Sociétés d'agriculture, Messieurs nos Invités, et
vous mes Collègues, chers Amis de notre Comice,

Malgré l'importance de la séance de ce jour, nous avons le regret de ne pas voir au complet les membres du bureau de notre société; l'un des doyens du Comice qui toujours a été zélé et s'est montré dévoué à nos travaux auquel il prenait une large part, notre vice président, M. Louis Parmentier est retenu chez lui par la maladie; puisse-t-il bientôt revenir parmi nous et reprendre à nos côtés sa place, vacante aujourd'hui de sa personne, mais non de nos sentiments affectueux pour lui.

Demain sera le centième anniversaire de la naissance de Mathieu de Dombasle. Le 26 février de l'année 1877 a donné à la France un homme de génie dont les ressources intellectuelles pouvaient s'appliquer à tout : elles se tournèrent heureusement vers l'agriculture et ce fut un grand bien pour l'humanité. Le Comice de Lunéville, aux aguets de tout évènement important relatif à l'agriculture, ne pouvait laisser passer inaperçu le jour du centenaire de l'illustre agronome sans célébrer sa mémoire.

Dans des circonstances plus solennelles, de grandes fêtes, des hommages pompeux, (je veux parler ici du concours régional qui se tiendra à Nancy), auront certainement lieu, à sa mémoire, plus magnifiquement et en présence d'un plus nombreux public; mais dans notre modeste sphère de Comice d'arrondissement, nous voulons, nous aussi, élever ici la voix et faire à échéance fixe, la manifestation de nos sentiments envers celui dont les œuvres ont si puissamment contribué à faire de l'agriculture ce qu'elle est aujourd'hui, un art, une science qui a remplacé la routine. C'était une réunion de cultivateurs, en famille, que nous avions d'abord provoquée dans le but de vulgariser le culte dû au célèbre fermier de Roville, mais le succès de notre projet a dépassé nos espérances, car de toutes part une vive sympathie l'a accueilli; et d'abord, M. le Préfet du département nous honore ici de sa présence et veut bien prendre la présidence de cette assemblée. Il y a deux jours encore nous espérions que M. Tisserand, l'inspecteur général, la personnification du mouvement agricole en France, assisterait à la réunion d'aujourd'hui; mais retenu à Paris par les impérieux devoirs de ses fonctions, il nous témoigne tous ses regrets; la voix si autorisée du savant rédacteur du journal de l'agriculture, va tout à l'heure nous retracer toutes les œuvres de notre héros; les éminentes sociétés nationale et centrale d'agriculture de France et des agriculteurs de France nous envoient une nombreuse et brillante délégation. MM. Barral, Chevandier de Valdrome, le comte de Lambel, de Meixmoron-Dombasle, de Metz — Noblat, Duroselle, la société centrale d'agriculture de Nancy, les Comices nos voisins, de Saint-Dié, de Rambervillers, de Toul, de Briey, de Château-Salins, de Morhange se font représenter ici par leurs présidents ou des membres de leurs bureaux. Et messieurs, la sympathie à notre œuvre vient de bien loin, car le Comice agricole d'Oran, par l'organe de son président, M. Calmelh écrit sous la date du 9 février courant, à M. de Meixmoron-Dombasle, qu'il est de son devoir de s'associer aux fêtes qui seront célébrées pour le centenaire de Mathieu de Dombasle.

Nous avions désiré voir au milieu de nous d'anciens élèves de l'école de Roville; mais rares déjà, et éloignés d'ici, peu se rendent à notre appel. M. le vicomte Drouot, l'un d'eux nous exprime dans les termes les plus sympathiques les regrets de ne pouvoir, par motif de santé, prendre part à notre fête de ce jour, et nous prie d'en faire mention à l'assemblée.

Nous avons également invité à notre réunion, messieurs les conseillers généraux du département, représentant notre arrondissement parmi lesquels nous regrettons de ne point compter ici M. Cosson député, retenu à la Chambre, MM. Michaux frères et comte Molitor qui, tous, dans les termes les plus chaleureux nous expriment leurs vifs regrets de ne pouvoir prendre part au sentiment national que nous voulons hautement manifester aujourd'hui, et me chargent de vous en rendre compte.

Enfin, pour donner plus d'éclat encore à notre hommage à la mémoire de M. Mathieu de Dombasle, le bureau du Comice a voulu en rendre témoins ses parents; c'est à ce titre que nous devons l'avantage de voir ici plusieurs membres de sa famille que nous avons eu l'honneur d'inviter à la fête du centenaire de leur aïeul, oncle, et grand oncle.

Merci, mille fois merci, messsieurs, qui avez accepté la fraternelle invitation du Comice de Lunéville pour assister à nos hommages rendus à la mémoire de Mathieu de Dombasle.

Votre présence ici ajoute à la manifestation des sentiments que professent tous membres du Comice de Lunéville pour leur grand apôtre. — Et moi, Messieurs, si j'ai ici quelque droit de parler, c'est que, doyen de l'assemblée, j'ai eu l'honneur d'être le disciple du fameux agriculteur de Roville; je l'ai vu entrer dans sa ferme, s'y installer avec les ressources de son génie plus que par des ressources financières, toujours si aidantes, luttant contre les difficultés de son entreprise, luttant contre les idées comme contre la routine du temps; je l'ai vu, monter à grands frais, et à la curiosité du public attiré par cette nouveauté, la première machine à battre qui ait fonctionné dans le pays.

Je l'ai vu organiser les premiers concours d'agriculture qui aient eu lieu dans nos régions et qu'il appelait simplement, dans son modeste langage, des défits de charrues. Je lui ai entendu dire que c'est à ces institutions de concours agricoles, déjà en pratique chez nos voisins qu'il attribuait la supériorité de l'agriculture anglaise. Souvenirs lointains déjà et presque personnels. Pardonnez-moi, Messieurs, si je me suis permis de les évoquer aujourd'hui devant vous. Mais ému et touché, de la manière chaleureuse et sympathique, dont malgré mon insuffisance, vous répondez toujours à l'appel de votre vieux président, il m'est doux de penser, que c'est à mon maître que je le dois, et ma reconnaissance attendrie va de vos cœurs à son cœur.

Dieu veuille que du haut du ciel, où le maître des moissons bénit vos travaux, *Illustre Mathieu de Dombasle*, vous puissiez entendre l'explosion des sentiments d'admiration de la vaste famille des agriculteurs, dont vous avez facilité les pénibles travaux par le perfectionnemt de leurs instruments; et que de ce sol lorrain, sillonné par vos charrues, arrosé par vos sueurs, fécondé par votre génie agricole, les gerbes de la reconnaissance s'élèvent en faisceaux pour fêter notre héros de ce jour.

Après ce discours, chaleureusement applaudi, M. le Président du Comice invite M. Barral à parler sur l'influence qu'a exercée Mathieu de Dombasle sur l'agriculture du XIX° siècle (1).

Pendant plus d'une heure, M. Barral a tenu ses auditeurs sous charme de sa parole élégante et facile. Il a parlé en maître de Mathieu de Dombasle, de ses études et des résultats de ses recherches continuelles. Il a montré le monde entier prenant pour guide notre compatriote et il a prouvé, chiffres en main que grâce à ce modeste et infatigable travailleur, qui avait dépensé ses gains en expériences, si profitables à tous, la fortune agricole de la France avait augmenté de plus d'un milliard par an. Parlant du budget de l'agriculture, M. Barral l'a trouvé insuffisant, et il a dit avec beaucoup de raison et d'autorité qu'il était regrettable de voir les commissions rogner continuellement ce budget si utile et bien se garder de toucher à celui de l'Opéra.

Après avoir parlé en termes émus de Metz son pays natal, M. Barral a terminé en disant que la Lorraine devait s'énorgueillir d'avoir vu naître Jeannne d'Arc qui avait sauvé la France et Mathieu de Dombasle qui l'avait faite si riche.

L'éloquent discours de M. Barral, applaudit à plusieurs reprises, s'est terminé par un redoublement d'acclamations, qui témoignent au savant orateur toute la satisfaction de l'assemblée. La séance est de fait suspendue pendant quelques instants. L'orsque le calme est rétabli, M. le président expose à l'assemblée que le bureau du Comice avait compté sur M. E. Tisserand, inspecteur général de l'agriculture, pour l'entretenir de la vie de Mathieu de Dombasle et de son œuvre. Mais que, il y a 3 jours, M. Tisserand, reconnaissant l'impossibilité dans laquelle il se trouvait de se rendre à Lunéville, en avait prévenu M. le président. C'est alors que, sur les sollicitations du bureau, M. le secrétaire du Comice avait consenti à remplir la place que l'absence de M. E. Tisserand laissait vacante.

M. le président donne la parole à M. Paul Genay pour la lecture d'une étude sur la vie de Mathieu de Dombasle.

M. Genay s'exprime de la manière suivante :

---

(1) Nous espérions donner dans son entier la belle conférence de M. Barral, mais une maladie et les occupations multiples de M. Barral l'ont empêché de rédiger sa conférence. Nous le regrettons bien vivement.

Monsieur le Préfet, Messieurs,

Ce m'est une témérité considérable que de prendre la parole après l'éloquent et savant secrétaire perpétuel de la Société natiotionale et centrale d'agriculture de France.

Comme vous l'a dit l'excellent président du Comice, nous comptions sur un homme des plus autorisés, M. Eugène TISSERAND, pour nous parler de la vie de Mathieu de Dombasle.

Empêché par une indisposition de se joindre à nous, j'ai dû tardivement et à la hâte préparer le petit travail, dont je vais vous donner lecture. Veuillez excuser ma hardiesse et permettez-moi de croire que, si pauvre qu'en soit la forme, tout écrit qui en ce jour vous parlera de notre illustre compatriote, de Mathieu de Dombasle, trouvera, à cause de la grandeur même du sujet, bon accueil auprès de vous.

MATHIEU DE DOMBASLE

SA VIE. — SON ŒUVRE A ROVILLE. — SA DOCTRINE. — SON CARACTÈRE.

Christophe-Joseph-Alexandre Mathieu de Dombasle, vint au monde le 26 février 1777, il y aura demain un siècle, à Nancy, dans une maison située sur la place qui porte aujourd'hui son nom.

Il descendait d'une des bonnes familles de la Lorraine. Son grand-père, Nicolas Mathieu, fut ennobli par lettres patentes données au château de Lunéville, le 8 décembre 1724. Il avait rempli la charge, devenue héréditaire dans sa famille, de grand maître des eaux et forêts. Son père, Joseph-Antoine, ayant acheté la terre de Dombasle, ajouta le nom de cette terre à son nom patronymique. Notre futur cultivateur, n'avait que 13 ans, quand éclata la grande révolution. Elle le trouva élève au collége de Saint-Symphorien de Metz, sous la conduite des savants bénédictins. Les biens de sa famille furent alors compromis, mais les personnes ne furent sans doute pas inquiétées, puisque, l'ancien grand maître des eaux et forêts de Lorraine, n'émigra point. L'enfant dut bientôt quitter le collége, et quoique à l'abri de toute persécution directe, son père jugea nécessaire de faire acte de patriotisme en l'envoyant aux armées malgré son jeune âge. Il partit donc en 1795 comme agent comptable à l'armée du Rhin. Ce fut sous la direction du P. Vaultrein, jésuite, que, rentré bientôt chez son père, il reprit ses études interrompues par la guerre.

En 1801, après que le traité de Lunéville et le Concordat eurent mis fin à la guerre et au schisme et procuré quelque temps de calme, il alla à Paris. A peine arrivé, il faillit y mourir d'une violente attaque de la petite vérole. Il en guérit, mais sa figure conserva les traces de cette maladie, de plus, sa santé fortement altérée, ne se rétablit jamais. En même temps il crut devenir aveugle, et sa vue resta toujours mauvaise. Tous ces accidents le rendirent sombre et taciturne. Il s'éloigna du monde, chercha ses consolations dans le travail et demanda ses plus vives jouissances à l'étude et à la méditation. Dans cette disposition d'esprit il revint à Nancy. Il y fut victime encore d'un nouvel accident. Il tomba d'une voiture dont les roues lui passèrent sur les jambes, il se releva boiteux et il restât atteint d'une maladie d'estomac. Toutes ces causes agissant sur son esprit, il en résultât une sorte de maladie noire dont il conserva des traces pendant toute sa vie. Il se maria en 1803 à Mlle Françoise-Julie Huyn. Madame de Dombasle, après lui avoir donné un fils qui mourut jeune et une fille qui fut madame de Meixmoron, mourut en 1807. Cette perte cruelle eut pour effet de plonger Mathieu de Dombasle, plus avant dans les études. Avec les savants Braconnot et de Haldat, qui professaient alors à Nancy, il étudia la chimie et la physique. Il joignit aux sciences naturelles, l'étude des langues anglaise et allemande. Grâce à ces nouvelles connaissances il put lire puis traduire les ouvrages agricoles de Sainclair et de Thaer. On doit croire que ces lectures déterminèrent sa vocation agricole. Il n'y arriva néanmoins point tout d'abord, mais il tenta de faire l'application à l'industrie de ses connaissances chimiques.

Par suite du blocus continental, le sucre des colonies n'arrivait plus en France, le prix du sucre était excessif, il fallait payer 6 francs la livre de ce produit. Depuis longtemps on savait que la betterave renfermait du sucre cristallisable. En 1605, Ollivier de Serres, seigneur du Pradel, en Vivarais, agriculteur célèbre, précurseur de M. de Dombasle, disait dans son pittoresque langage « le jus de la betterave en cuisant, devient semblable au sirop, au sucre, est si beau à voir par sa vermeille couleur, » le bas prix du sucre n'avait point encore permis l'installation de sucreries de betteraves. Aussi pendant le blocus le prix de 6 francs la livre étant devenu rémunérateur, de nombreuses fabriques s'élevèrent. M. de Dombasle dès 1810, établit une sucrerie à Montplaisir, près Nancy. Afin de se procurer la matière première, la betterave dont la culture était entièrement inconnue à cette époque en Lorraine, la sucrerie dut s'adjoindre une exploitation agricole. On y cultiva la betterave annuellement sur une centaine d'hectares. Ce fut le début agricole de M. de Dombasle.

Malheureusement pour les sucreries, le blocus dura peu. En 1815, l'usine de Montplaisir dut être fermée. Cette fermeture entraîna la ruine de M. de Dombasle. La fortune de sa famille fut compromise dans ce désastre. Son vieux père ne résistat point à ce coup, il mourut en 1816.

Au milieu de toutes ces épreuves, M. de Dombasle ne se laissa point abattre. Son courage prit le dessus et, voulant réserver son travail à sa patrie, il eut la force de refuser plusieurs positions brillantes à l'étranger. La période qui s'écoula de 1815 à 1833 fut remplie par diverses publications dont les principales sont : Instruction sur la fabrication des eaux-de-vie de grains et de pommes de terre ; examen critique des éléments de chimie agricole de M. Humphry-Davy ; description des nouveaux instruments d'agriculture de Thaer, enfin la première édition du célèbre calendrier du bon cultivateur. Ces diverses publications attirèrent sur lui l'attention du public.

C'est aussi pendant cette même période, en 1820, qu'il concourut à l'organisation des sociétés d'agriculture du département de la Meurthe. Il fut nommé à l'unanimité président de la société centrale d'agriculture de Nancy.

Depuis 1810, il s'était occupé du perfectionnement de la charrue le premier et le plus important des instruments de l'agriculture. L'araire ou charrue sans avant-train, était avant tout l'objet de sa prédilection, comme devant donner le labourage avec le moindre tirage. Il avait déjà en 1820, porté cet instrument à un tel degré d'amélioration, que la Société centrale d'agriculture de Paris lui donna pour ce fait une médaille d'or.

Ici finit la première période de la vie de M. de Dombasle, je l'ai esquissée à grands traits, seulement afin de faire voir l'enchainement des faits qui avaient amené M. de Dombasle à sa vocation véritable, à être ce que Dieu le destinait. Dans l'ordre admirable de la société divinement constituée, il devait être le régénérateur de l'agriculture française. Ses malheurs personnels le font s'attacher à l'étude en le détournant des plaisirs faciles mais destructeurs ; ses études chimiques appliquées à la fabrication du sucre l'amènent indirectement à l'agriculture. M. de Dombasle fut 22 ans avant de trouver sa voie.

Nous touchons maintenant, Messieurs, à la grande époque de la vie de M. de Dombasle, à celle qui l'a à jamais rendu célèbre. Nous arrivons à l'année 1822, année mémorable pendant laquelle le savant allait devenir fermier.

Mais avant de décrire l'œuvre de Roville, et pour que cette œuvre soit bien comprise, il nous faut jeter un rapide coup d'œil sur l'état général de l'agriculture en 1822.

Bien qu'alors peu florissant, le grand art qui avant tous les autres assure la prospérité des nations, avait depuis quelque temps fait, sous certains rapports, de notables progrès. En 1786, après les expériences de Daubanton, sur les différentes races de moutons et sur les conseils de Tissier, dont ce sera la gloire, Louis XVI avait fait revenir d'Espagne et installer dans son domaine privé de Rambouillet un troupeau de 300 mérinos. La laine que produisaient ces animaux, était d'une finesse extrème, et la quantité s'alliait à la qualité; de plus ces laines fines, étaient recherchées à de hauts prix. Ce troupeau royal, dirigé par des hommes dévoués comme Tissier et Bourgeois prospéra à Rambouillet, passa sans encombre l'époque troublée de la révolution, et devint dans la suite la source d'une très grande richesse pour l'agriculture. Tous les cultivateurs me comprendront quand je dirai qu'un mouton du poids de 30 à 35 k. vivant donnait 3 k. environ d'une laine en suint qui valait 4 fr. 50 et jusque 7 fr. le kilog. C'était la mine d'or annoncée par Sully, le ministre du bon Henry, le contemporain d'Ollivier de Serres. Aussi la culture fourragère délaissée jusqu'alors comme ne donnant pas d'argent commença, grâce au mérinos, à être mise en honneur.

Bosc, Yvart et surtout Gilbert vulgarisèrent la culture des prairies artificielles qui vinrent modifier heureusement l'ancienne culture triennale. Une autre plante aida encore au mouvement, la pomme de terre nommée aussi parmentière, du nom de l'homme qui se dévoua à sa propagation.

Mais ces animaux nouveaux et ces cultures nouvelles étaient encore d'infimes exceptions. La culture dite triennale sans autre fourrage que les prairies naturelles et presque sans autre bétail que celui destiné au travail, régnait en maîtresse.

Peu de fumiers, partant peu de récoltes. D'un autre côté la mécanique agricole était encore dans l'enfance.

Le besoin d'établissements agricoles modèles commençait cependant à se faire sentir d'une manière générale.

L'Angleterre la première avait ouvert la voie, elle avait Backwel, Arthur Yung, Cook et John Sainclair ; l'Allemagne Thaer et Schwertz ; la Suisse Pictet et Fellemberg ; la France, la belle France était isolée et jusqu'alors personne ne paraissait décidé à se dévouer pour assurer son avenir agricole.

Tout à coup on annonce qu'un savant ruiné, vieilli par les malheurs, mais mûri par les revers, un lorrain, Messieurs ! venait de louer dans un petit village de son pays une ferme importante et qu'il se proposait d'y exploiter conjointement à la culture des terres, une fabrique d'instruments d'agriculture construits d'après des données rationnelles et d'y ouvrir un institut agricole ; et cet homme, qui avait la folie de vouloir servir son pays par l'agriculture, qui voulait être cultivateur, position bien peu considérée alors, appelle l'attention sur sa ferme en lui donnant le nom de ferme-modèle. A cette époque, sous le nom de bonne culture ou de ferme-modèle, on entendait, d'un bout de l'Europe à l'autre, une agriculture proscrivant impitoyablement la jachère, pratiquant l'alternat pur, et comme couronnement, afin de faire beaucoup de fumier, entretenant une tête de bétail au moins par hectare. C'était là le programme emprunté, comme base, aux cultures flamandes, on le voulait de toute pièce importer partout et toujours dans toutes les situations si différentes qu'elles pussent être. Les aptitudes du climat et du sol étaient tenues pour rien, du marché on n'en parlait pas. C'était peut être là de la belle agriculture, peut-être aussi le mieux, mais bien souvent le mieux, compris dans un certain sens, est l'ennemi du bien.

Mathieu de Dombasle était l'homme de son temps et on l'a vu partant des idées seules admises lors de sa prise de ferme, arriver à la lumière des faits et guidé par l'expérience pratique, à la seule solution rationelle *une culture en équilibre avec ses milieux*.

Pour prendre une ferme il faut un capital et, nous savons que Mathieu de Dombasle était non-seulement ruiné mais encore débiteur d'une somme considérable.

Dans ces conditions détestables, l'estime universelle dont il jouissait lui fit trouver un propriétaire qui fournit la ferme et une société d'actionnaires qui fournit le capital. A cette occasion Mathieu de Dombasle rencontra de hautes sympathies. M. le préfet de la Meurthe, vicomte Alban de Villeneuve-Bargemont, comprenant l'immense portée de l'œuvre projetée s'inscrivit le premier en tête de la liste des actionnaires. Il fit plus, c'était pour une gloire française, il demanda et obtint le concours de S. A. R. Mgr le duc d'Angoulême, dauphin de France. Tout se passe ici, Messieurs, dans les conditions usitées habituellement en pareille matière. C'est à ses risques et périls, et sous sa responsabilité personnelle, que Mathieu de Dombasle entreprend l'exploitation de Roville. Il reçoit des actionnaires un capital de 45,000 francs, dont 15,000 sont et doivent être distraits pour l'établissement d'une distillerie, d'une fabrique d'instruments et l'ouverture d'une école d'agriculture. Il reçoit du propriétaire, à titre de cheptel, moyennant une redevance annuelle de 1,200 fr., un troupeau de 300 moutons mérinos, pur race de Rambouillet, qui peut représenter, à cause de la valeur exceptionnelle de cette race à l'époque dont nous parlons, une somme de 15,000 francs.

Enfin pendant de longues années, sur sa signature personnelle, Mathieu de Dombasle emprunta au banquier de l'entreprise une somme de 20,000 francs. Saluons en passant le banquier, M. Gervais-Voinier, de Nancy, auquel on doit assurément le maintient puis le succès définitif de l'œuvre de Roville. Le capital appliqué à l'exploitation agricole de Roville représente donc 65,000 francs et comme les terres et les prés s'étendaient sur 185 hectares, le capital d'exploitation peut être estimé à 350 fr. par hectare (1).

(1) C'est bien là le chiffre donné par Mathieu de Dombasle comme étant le

Le bail passé entre M. Berthier propriétaire du domaine de Roville et Mathieu de Dombasle se reflète des idées du temps sur l'agriculture modèle dont nous parlions tout à l'heure, c'était un malheur; et on ne l'a que tro p vu lorsque, après 8 ou 10 années d'exploitation, de théoricien, le fermier fut devenu praticien, que de difficultés s'élevèrent alors entre lui et son propriétaire. Sous un autre point de vue le bail est précieux à consulter car il rapporte pleinement l'idée de l'œuvre. C'est « afin de fournir à Mathieu de Dombasle une nouvelle occasion de bien mériter de son pays », que la société de Roville est fondée, mais aussi Mathieu de Dombasle à la mission de « faire toutes les expériences qui sembleront de la plus grande importance pour l'amélioration générale de l'agriculture du pays ». Roville, n'était donc point seulement une affaire, c'était aussi, peut-être trop avant la question financière dans l'esprit de Mathieu de Dombasle, une question d'intérêt général.

Je ne dirai rien de la ferme de Roville, de la nature de son sol, de la constitution de sa surface, de l'excellence des procédés de culture qui y furent mis en usage et qui en firent une exploitation vraiment modèle, cela m'entraînerait trop loin et je dois être aussi bref que possible. Tous ceux qui ont lu les annales de Roville et qui les ont méditées, savent par quelles difficultés a passé l'exploitation de la ferme ; exiguité du capital, qui entraîne pendant longtemps l'obligation d'avoir recours à un crédit considérable, cachexie aqueuse sur le troupeau mérinos, révolution de 1830 et puis une autre condition sur laquelle Mathieu de Dombasle s'exprime ainsi : « On remarquera que c'est à Roville que j'ai réellement fait mon *apprentissage...* Je n'avais jamais dirigé une exploitation agricole un peu vaste, et je puis bien dire que ce que l'on appelle com-

capital nécessaire pour une pareille exploitation. Des observateurs superficiels ont pu seuls dire que le capital de Roville était de 150 francs par hectare. A ceux qui aujourd'hui critiquent l'estimation du capital regardé comme nécessaire par Mathieu de Dombasle pour l'exploitation d'une ferme, je répondrai que les calculs de Mathieu de Dombasle ont été publiés en 1850, à une époque où la main-d'œuvre était de moitié moins chère qu'aujourd'hui, ou le bétail se payait dans la même proportion et tout à l'avenant ; et, que pour être dans le vrai, il faudrait aujourd'hui, pour un système de culture et dans les conditions de la ferme de Roville, mettre en œuvre un capital double.

munément la science agricole, m'a été plus nuisible qu'utile dans les premières années de l'exploitation et jusqu'à ce que j'eusse acquis assez de pratique pour me diriger dans l'application des doctrines que j'avais puisées dans les livres... »

« C'est une mauvaise condition, dit-il encore ailleurs, que de vouloir faire son apprentissage en même temps que ses affaires. »

Les expériences nombreuses, les tentatives de toutes sortes qui durent être faites et qui furent faites à Roville, ont entraîné l'exploitation dans des dépenses considérables. Citons ici pour mémoire entre mille autres les études sur les préservatifs de la carie du blé, sur l'emploi des machines à battre les grains, et sur la valeur comparée des aliments du bétail.

La présence de nombreux élèves sur la ferme est encore une charge qui n'échappera à personne. J'ai dit aussi que Mathieu de Dombasle joignait à une mauvaise santé une vue plus mauvaise encore, de plus il continua pendant tout le temps qu'il fût à Roville la publication de ses nombreux ouvrages. Toutes ces causes sont évidemment et à divers titres onéreuses pour l'exploitation.

Quels ont donc été dans ces conditions les *véritables* résultats financiers de Roville, tels qu'ils résultent de la méditation des chiffres; quels sont les profits qu'à donnés cette ferme où l'on ne se proposait point le profit comme but unique ?

« Le résultat des 20 années d'exploitation présente une perte totale de 11,032 francs. » Les 10 premières années offrent une perte de 36,134 fr., les 10 dernières offrent un bénéfice de 25,120 fr. dans lesquelles les 5 dernières années entrent seules pour 20,406 francs. Est-ce bien là une perte, Messieurs. Pour moi j'y vois un profit et je vais, je l'espère, vous le démontrer.

Le bail de Roville portait le prix de location, toutes faisances comprises, entre 8 et 9000 fr. annuellement. Or ce prix consenti en 1822 par Mathieu de Dombasle était trop élevé d'au moins 2,000 fr. Le maître le constate dans ses annales et nous savons que à la fin du bail, malgré la très-grande amélioration qu'avait subi la ferme de Roville et que tout le monde constatait, le propriétaire ne trouvait pas de fermiers aux *mêmes conditions*. Et cependant,

Messieurs, vous savez tous que les époques 1822 et 1842 présentaient entre elles une grande différence, qu'en 1842 les terres s'affermaient à un prix plus élevé qu'en 1822. Voilà le fait, et je le tiens du fermier lui-même qui a succédé à Mathieu de Dombasle, de M. Euriat père. Cette somme de 2,000 francs par chaque année, placée à intérêts composés à 5 0/0 forme un total de 69,138f,60 pendant les 20 années du bail.

A côté de cela nous savons qu'il était payé annuellement 1,200 fr. comme cheptel du troupeau mérinos, soit 8 0/0 de sa valeur ! Que l'intérêt des actionnaires a toujours été régulièrement servi à 5 0/0. Que le ménage de Mathieu de Dombasle et les frais généraux frappaient exclusivement l'exploitation et point la fabrique d'instruments non plus que les comptes de l'institut. Qu'enfin le secours obtenu en diverses fois du gouvernement après la révolution de 1830, dont le total s'est monté à 22,000 fr,. n'a point été porté dans les recettes de l'exploitation. Tels sont les résultats argent fournis par la ferme.

Ces résultats positifs Mathieu de Dombasle les devait à son esprit d'ordre, d'observation et d'exactitude, à sa profonde connaissance des hommes, qui savait mettre chacun à la place qui lui convenait.

La ferme de Roville offrait un modèle d'organisation aussi simple que complète. Point d'état-major coûteux, les chefs travaillaient à la tête de leurs subordonnés, le principe de la responsabilité des chefs était toujours soigneusement maintenu.

C'est encore à cet esprit d'ordre et d'exactitude que l'on doit l'application de la comptabilité aux choses de l'agriculture, application qui, sans doute, à Roville, fut minutieuse.

L'esprit du maître en effet se complaisait à l'analyse, et d'ailleurs les besoins de l'enseignement ne justifieraient-ils pas cette minutie. Quoi qu'on en puisse penser, c'est grâce à cette comptabilité que, 30 ans passés après l'exploitation de Roville, nous pouvons encore en suivre et en contrôler pour ainsi dire la marche jour pour jour.

A côté de son exploitation agricole, Mathieu de Dombasle, dès les premiers temps de son séjour à Roville, avait établi une fabrique d'instruments agricoles. C'était peut-être en France la première usine de ce genre dans laquelle on appliquait les principes de la mécanique aux instruments destinés aux travaux des champs. Dirigée par une telle main, la fabrique prit bientôt un développement extraordinaire, les commandes arrivèrent de tous côtés et Mathieu de Dombasle eût la gloire d'être prophète en son pays, les charrues Dombasle, répandues par les défis de charrues, importation anglaise dont le premier eut lieu à Roville en 1824, ont universellement, remplacé depuis longtemps en Lorraine, les charrues du pays. Peut-être que, s'il nous fallait choisir entre tous les titres qu'a Mathieu de Dombasle à la reconnaissance des cultivateurs-praticiens, nous donnerions la préférence à celui de premier fabricant en France d'instruments agricoles perfectionnés.

S'appuyant sur la ferme et sur la fabrique s'éleva l'institut et dans cette partie Mathieu de Dombasle se montra passé maître. Il sut par son dévouement et par son abnégation, par sa bonté et par sa droiture, inspirer à ses nombreux élèves un véritable culte pour sa personne. 400 élèves sont sortis de l'institut Roville, et si tous ne firent pas également bien leurs affaires, tous ont répandu autour d'eux, comme le maître vénéré le leur avait enseigné, l'amour indissoluble de l'agriculture et de la patrie.

Au milieu de tous ces travaux, Mathieu de Dombasle trouvait encore le temps de suffire à de très-nombreuses publications qui, elles aussi et plus que tout le reste, ont porté au plus haut et au plus loin sa gloire comme écrivain et comme agriculteur. Le style convient merveilleusement au sujet et aux lecteurs, il est clair, net, précis, sans hors d'œuvres. Son calendrier du bon cultivateur, le livre le plus répandu dans nos campagnes, le meilleur livre que l'on puisse encore aujourd'hui mettre entre les mains des praticiens de nos contrées, qui actuellement en est à sa 11ᵉ édition, a eu 5 éditions successives de 1822 à 1842. Les annales de Roville dont les 9 volumes ont successivement paru de 1824 à 1836 sont admirables, elles révèlent un maître. La traduction, en 1825, du code d'agriculture pratique et raisonné de John Sainclair et 23 autres ouvrages et brochures forment la nomenclature des publications faites à Roville.

Il reste encore de Mathieu de Dombasle une masse de manuscrits. Nous souhaitons dans l'intérêt de l'agriculture et pour l'honneur du maître, que son petit-fils, M. de Meixmoron, son continuateur à la fabrique d'instruments, mette au jour les plus importants, ceux surtout que le temps, qui ne respecte que le vrai, n'a point vieilli.

Le bail de Roville prit fin en 1842 Mathieu de Dombasle se retira alors à Nancy y transportant avec lui sa fabrique d'instruments. Il se proposait de publier un traité d'agriculture lorsque la mort vint le surprendre le 27 décembre 1843 à l'âge de 66 ans.

Messieurs, je ne quitterai point le récit de la vie de Mathieu de Dombasle, sans vous mettre à même d'apprécier le maître sous le rapport de la pureté de sa doctrine et de la beauté de son caractère, et je m'imagine, si je ne le faisais point, que je n'aurais pas rempli la tâche dont je me suis chargé.

Ecoutons d'abord Mathieu de Dombasle nous dire l'importance de l'agriculture : « Dans l'ordre de l'utilité et de l'importance sociale, l'agriculture occupe d'un commun accord, le premier rang chez les peuples civilisés : Elle fournit aux populations presque tous les objets qui servent à les nourrir et à les vêtir, et c'est elle qui donne à l'industrie la plus grande partie des matières premières sur lesquelles elle s'exerce. Elle présente des moyens d'existence aux trois quarts de la population, et crée à elle seule des produits pour une valeur au moins égale à toutes les autres industries prises ensemble. Ses développements sont partout la principale source des accroissements de richesse et de puissance des peuples. »

Sous le rapport de l'instruction agricole, il sera peut-être bon, dans un moment où paraît prévaloir l'idée, au moins singulière, de former les cultivateurs non pas dans les champs mais dans les villes, d'avoir là-dessus l'opinion de Mathieu de Dombasle : « Il importe, dans les établissements destinés à former des chefs d'exploitation, d'initier autant que possible les élèves à la pratique agricole.

Les théories peuvent s'apprendre par la lecture et dans des cours oraux, mais on épargnera bien des mécomptes aux débutants, si, à défaut de la pratique proprement dite que nul ne peut acquérir qu'en dirigeant lui-même les opérations d'une ferme, on leur a au moins inspiré des idées nettes sur son importance, et si, par l'ob-

servation souvent répétée des faits agricoles, on les a mis au moins
sur la voie qui doit les conduire à devenir d'habiles praticiens.
C'est seulement dans un institut réuni à une exploitation rurale
que l'on peut donner aux jeunes gens une instruction agricole véritable.

Là les faits qui se développent chaque jour, permettent de faire
comprendre les rapports qui lient les causes aux effets, dans les résultats de tel assolement, etc.... Il n'y a qu'un homme convenablement placé pour donner ces explications, c'est le chef de l'exploitation lui-même, sous les ordres et la direction duquel ont été exé-
cutées toutes les opérations qui ont amené les résultats que l'on a
sous les yeux. Il arrivera parfois qu'il aura à faire observer les résultats fâcheux de l'exécution inopportune de telle opération de
culture ; en un mot il aura à signaler l'effet des fautes commises,
car qui n'en commet pas ? Malheur à lui s'il hésite à reconnaître
ces fautes, mais aussi malheur à lui s'il chargeait qui que ce fût
d'être son critique d'office ! » Où trouver une bouche plus autorisée
pour donner une meilleure description de la tâche du chef d'école.
Mais c'est dans un article écrit en 1832, intitulé *Du succès ou des
revers dans les exploitations agricoles*, qu'il faut chercher la pure
doctrine du maître. Qu'on m'en permette un seul extrait. « On se
formerait une idée bien fausse de l'art agricole, si l'on considérait
la bonne agriculture comme une combinaison précise, invariable et
que l'on puisse appliquer à toutes les localités. Le nombre des com-
binaisons y est au contraire immense, et le succès dépend presque
toujours du discernement avec lequel on en fait l'application.

Il ne suffit pas d'accroître la masse des produits, ce qui est partout facile à l'homme le moins judicieux, s'il veut y consacrer une
certaine dépense :

C'est le produit net qu'il faut accroître.... Les circonstances font
seules les bons systèmes de culture ; et vouloir réduire la bonne
agriculture à l'adoption de tel assolement, de tel genre de bétail,
ou de telle ou telle pratique, c'est ignorer complétement la portée
de l'art.... Celui-là seul est agriculteur qui, connaissant les pratiques usitées ailleurs dans diverses circonstances, et sachant s'o-
rienter dans la localité où il se trouve placé, parvient à discerner
quelles sont celles de ces pratiques qui peuvent le mieux convenir

dans sa situation ; aussi je pense que l'on emploie une expression fausse, lorsqu'on parle comme on le fait si souvent de l'*agriculture perfectionnée*, car il n'y a pas un système agricole particulier auquel on puisse appliquer ce nom ; on devrait dire l'*agriculture raisonnée*. »

Mathieu de Dombasle unissait un caractère élevé, une droiture à toute épreuve, une grande franchise à une simplicité parfaite. Aussi jouissait-il de son vivant de l'estime des hommes de bien. M. de Gasparin, l'un des chefs de l'école agricole scientifique qui jouissait lui aussi d'une grande considération lui rendait hommage en refusant d'écrire le guide des propriétaires cultivant par eux-mêmes, parce que Mathieu de Dombasle avait traité ce sujet dans ses annales ; écoutons d'ailleurs encore Mathieu de Dombasle lui-même, écrivant en 1836.

« Les personnes qui ont lu les premiers volumes des annales de Roville, ont pu y reconnaître l'agronome inexpérimenté plus tôt que le cultivateur praticien. Je citerai en particulier le plan théorique de mes assolements, que j'ai exposé dans la première livraison et que j'avais cru pouvoir tracer avant de connaître à fond la nature des terres que j'allais exploiter. L'expérience et l'observation des faits ont bientôt fait justice de plusieurs idées de cette nature. Je ne regrette au reste, en aucune façon, d'avoir donné lieu aux lecteurs attentifs, d'observer pendant le cours de cette publication, comment se sont modifiées successivement en présence de la pratique, plusieurs des idées et des opinions que j'avais empruntées à mes lectures agricoles, autant qu'à des observations personnelles, restreintes à une trop petite échelle.

Je crois qu'il y a quelque chose d'instructif dans ces transformations des idées de l'homme qui se trouve aux prises avec les faits, dans une exploitation agricole étendue ; c'est pour cela que j'ai toujours exposé avec un entier abandon, les plans que je formais, et leurs résultats quels qu'ils fussent, et je m'étais déterminé à l'avance à laisser complétement de côté toute question d'amour-propre personnel. » Voilà l'homme peint par lui-même et ce n'est pas dans une seule page de Mathieu de Dombasle que l'on trouve des choses de ce genre, tous ses écrits respirent le même délicieux parfum ; l'orgueil en est banni.

Comme Mathieu de Dombasle pense et écrit, il agit, témoin l'épisode peu connu de Grangé, raconté par M. Villermé qui le tenait lui-même d'un ancien élève de Roville.

« La réputation de M. de Dombasle excitait dans la Lorraine quelques jalousies. La société d'agriculture de Nancy, dont il avait été le président, comptait parmi ses membres certains hommes qu'offusquait la supériorité de maître. L'Europe agricole s'entretenait de Roville et de Dombasle, mais il n'était pas très souvent question de plusieurs des membres qui composaient la société d'agriculture. Dombasle avait déjà eu l'occasion de s'apercevoir de ces sentiments hostiles, mais il ne s'en était pas ému, et sa calme indifférence avait contribué à exciter davantage l'aigreur des envieux.

Ceux-ci, on le comprend, ne venaient jamais à Roville. Un beau matin, c'était en 1833, tout le monde fut donc fort étonné de voir arriver dans la cour de la ferme une élégante voiture attelée de chevaux bien harnachés, bien rapides, et dans laquelle se trouvaient deux de ces messieurs. Un troisième voyageur était avec eux, et dès qu'on arriva, descendit de la voiture une charrue semblable à toutes celles du pays, avec un avant-train dont la forme semblait singulièrement modifiée par des barres de bois dont, au premier abord, on ne comprenait pas l'usage.

Mon cher collègue, dit un des visiteurs, en s'adressant à Dombasle, veuillez nous pardonner, si nous nous présentons ainsi chez vous à l'improviste. Mais voici un brave homme qui a inventé une charrue dont plusieurs cultivateurs, font un très grand cas, et comme nous savons que cet instrument ne peut être mieux jugé que par vous, nous venons vous le soumettre.

M. de Dombasle comprit aussitôt le sentiment qui avait inspiré cette démarche. Evidemment, on venait à Roville avec l'espérance de lui prouver qu'il ne se connaissait pas en charrues, et qu'un simple paysan, pouvait lui donner des leçons.

C'était en effet, un simple valet de ferme que l'inventeur de la charrue ainsi amenée triomphalement.

Il se nommait Grangé, et, pour pouvoir travailler aussi bien que ses camarades, plus vigoureux que lui et qui se moquaient de sa faiblesse, il avait eu l'idée ingénieuse de faire exécuter en partie par ses chevaux ce que ses bras ne pouvaient pas faire seuls. Dans ce but, il avait adopté à son avant-train deux leviers venant aboutir aux mancherons de la charrue. L'un de ces leviers était relié à la tête de l'âge et permettait de le soulever sans fatigue, par un simple mouvement de bascule, quand on voulait mettre le soc hors de terre. L'autre, commandé par l'essieu même de l'axant-train, appuyait du haut en bas sur les mancherons dès qu'on l'y fixait, et employait le tirage des chevaux à faire entrer plus profondément en terre, le soc de la charrue.

M. de Dombasle était un homme de bonne compagnie. La réception qu'il fit à ses visiteurs fut donc polie, quoique un peu froide, ainsi que l'était toujours du reste sa façon d'être avec les étrangers. Mais un peu de malice — et à l'occasion il n'en manquait pas — lui sembla bien permise dans la circonstance.

Messieurs, répondit-il, ce que nous devons chercher avant tout, c'est à nous instruire. Je vais faire essayer cette charrue et l'expérience nous dtra ce qu'elle vaut. Puis appelant son chef d'attelages :

Barisé, dit-il, veuillez confier cette charrue à notre meilleur laboureur, à Gérard, et vous allez la faire travailler sous vos yeux dans tel champ.

Un seul coup d'œil avait suffi au savant constructeur pour juger par où péchait la fameuse machine. Or le champ désigné était de telle nature que cette charrue ne pouvait y fonctionner convenablement. Barisé, Gérard et l'inventeur, le brave Grangé, partirent aussitôt suivi par quelques élèves de Roville.

M. de Dombasle et ses visiteurs restèrent à causer à la ferme. Au bout d'une heure environ, tout le monde revint des champs. Grangé, la figure consternée, les autres la figure souriante, la charrue, les leviers avec leurs attaches un peu disloquées.

Monsieur, raconta Barisé, ni Gérard, ni M. Grangé n'ayant pu bien travailler dans la pièce que vous m'aviez désigné, j'ai pris la liberté d'aller essayer dans tel autre champ (et en parlant ainsi, un sourire du bonhomme indiquait qu'il avait choisi un terrain également peu propice à la charrue nouvelle) ; mais là non plus nous n'avons pu rien faire de bon. Aussi, nous voici revenus.

Tout le monde, alors de se précipiter autour de la malheureuse charrue pour en examiner la construction. Quand on se retourna les deux chers collègues de M. de Dombasle ne se trouvaient plus là. Profitant de ce moment de trouble, ils s'étaient enfuis au galop de leur brillant attelage.

Cependant le pauvre Grangé ne savait trop quelle contenance faire. L'émotion le gagna, et, dès qu'il se vit délaissé au milieu d'hommes qu'il croyait mal disposés pour lui, la honte et le chagrin l'emportèrent. Des larmes lui vinrent aux yeux.

Mon ami, s'empressa de lui dire Dombasle, en donnant à sa voix une douceur bienveillante, ne vous désolez pas. Votre charrue pouvait marcher assez bien dans les terres que vous labourez habituellement; mais elle ne pouvait pas résister dans nos fortes terres. C'est seulement ce que j'ai voulu prouver. Quant à votre idée, elle n'en est pas moins ingénieuse. Ce qui vous manque pour l'appliquer convenablement, c'est la connaissance des lois de la mécanique. Ayez confiance en moi, vous reviendrez dans huit jours, et vous retrouverez votre charrue mise, je l'espère, en état de faire partout meilleure figure.

Puis se tournant vers ses élèves :

Messieurs, ajouta-t-il, cet homme qui a su, sans aucune instruction, réfléchir assez pour modifier ainsi l'avant-train de la charrue, mérite notre sympathie. Je vous engage donc à lui prouver que vous faites cas de son intelligence. Le soir même les élèves de Roville donnaient à Grangé un repas qui le consola déjà un peu de sa mésaventure. Huit jours après, le brave laboureur retrouva son avant-train construit d'après les vrais principes : et muni d'une lettre de recommandation que M. de Dombasle lui donna pour le général Lafayette, il se rendit auprès de ce dernier. Bien accueilli par le général dont l'influence était alors immense, Grangé sut attirer un instant sur lui l'attention publique. L'obscurité de son origine rehaussa le mérite de son invention. On le décora, on lui décerna diverses récompenses ; mais la charrue Grangé, dont on ne parle plus guère et dont on se sert moins encore, n'empêcha pas la charrue Dombasle de faire son chemin et de rester l'une des meilleures si ce n'est la meilleure que nous connaissions. »

La morale n'est-elle pas la loi de l'histoire ?

Mathieu de Dombasle n'aimait ni ne recherchait les dignités. Il mourut officier de la Légion d'honneur; membre, sans avoir fait aucune démarche, de 42 Sociétés savantes; visité à Roville par les rois et par les fils des rois, il vivait simplement avec la sobriété d'un anachorète, et le règlement d'un moine. Réservant tout son temps pour l'étude, il se privait volontairement des jouissances de la vie de famille. Il n'avait pas d'ambition , son désintéressément et le peu de cas qu'il faisait des honneurs était complet. Il en donna la meilleure preuve en refusant, aussitôt que la proposition lui en eut été faite, au nom du roi Louis-Philippe, un siége à la Chambre des pairs. Il préférait à ces honneurs extérieurs le travail et l'étude.

Comment ne vénérerait-on pas, comment n'exalterait-on pas un homme qui s'oublie aussi entièrement, qui se sacrifie aussi complètement que Mathieu de Dombasle au profit de ses frères, de son pays et qui n'a de zèle que pour le seul triomphe de la vérité.

Ah Messieurs, je ne me trompe pas, Mathieu de Dombasle était un grand caractère ! C'était bien, suivant le mot du plus magnifique orateur de ce siècle, mot appliqué à une autre gloire lorraine, le général Drouot, un grand cœur dans une petite maison.

Après cette lecture sympathiquement accueillie par l'assemblée, M. Noël remet à M. Fisson, conducteur du service hydraulique, une médaille d'or qui lui est décernée par M. le ministre de l'agriculture.

M. Noël s'exprime ainsi :

Monsieur Fisson,

M. le Ministre de l'agriculture a reconnu les services que vous avez rendus par les travaux soit d'irrigation soit de drainage que depuis longtemps déjà vous avez si habilement dirigés. Vous êtes l'un de nos membres zélés et laborieux; vous contribuez à l'œuvre du Comice par des conférences faites dans nos chefs-lieux de canton pour les diverses améliorations du sol. En récompense de vos utiles travaux, M. le Ministre de l'agriculture vous a décerné une médaille d'or; ayant reçu de M. le Préfet l'autorisation de vous la remettre dans une séance du Comice, je suis heureux de faire coïncider pour vous la réception de cette précieuse médaille avec la solennité de ce jour qui, s'il est possible, en rehausse encore la valeur !

M. Fisson reçoit cette médaille au milieu des applaudissements de l'assemblée.

La séance est levée à 1 heure un quart et M. le Président prie MM. les Invités et les Souscripteurs de passer dans la salle du banquet.

La grande salle du rez-de-chaussée des Halles, ornée pour la circonstance offrait un aspect superbe. En face de la porte d'entrée à la place d'honneur, au centre d'un immense trophée agricole, était posé le buste de Mathieu de Dombasle. Au-dessus un écusson avec lettres transparentes, aux harmonieuses couleurs, laissait lire le sentiment qui avant tout autre remplissait dans ce moment, le cœur des convives, Honneur et Reconnaissance à Mathieu de Dombasle. D'autres écussons, des masses de verdure et de fleurs, des drapeaux et des trophées, remplissaient la salle et dissumulaient la nudité des murs. Tout était arrangé avec un goût parfait.

250 convives avaient pris place à table. L'animation la plus convenable et la concorde la plus parfaite n'ont cessé de régner pendant tout le temps du banquet.

Au dessert les toasts ont été portés dans l'ordre ci-après : M. Noël a d'abord donné lecture de la dépêche suivante envoyée par M. E. Tisserand, inspecteur général de l'agriculture :

Cher président, je ne puis à mon grand regret être à vos côtés, mais mon cœur est avec vous, laissez moi donc m'associer de loin à votre fête patriotique et m'écrier : Honneur à notre maître à tous! Honneur au père de l'agriculture française ! à Mathieu de Dombasle.

Toast de M. le Préfet.

Messieurs,

La vie de Mathieu de Dombasle dont nous honorons aujourd'hui la mémoire peut se résumer dans deux idées qui la dominent

L'initiative individuelle qui triomphe de tous les obstacles,
La science mise sous toutes ses formes au service du progrès agricole.

L'initiative individuelle ! C'est une vertu native du sol lorrain et c'est la qualité maîtresse d'un peuple libre. C'est par elle que l'agriculture devient, non-seulement la source la plus abondante de la richesse nationale, mais la première et la meilleure école de la vie publique.

La science ! Ce n'est pas à moi qu'il appartient d'en parler en présence du savant éminent dont nous applaudissions tout à l'heure l'éloquente parole. Il vous dirait mieux que personne que dans nos sociétés modernes, la science est la condition nécessaire de toute prospérité et de tout progrès, et qu'elle a le secret d'accroître, dans des conditions qui tiennent du prodige, la fécondité de la terre et la puissance du travail de l'homme.

L'œuvre de Dombasle lui a survécu. C'est son esprit qui anime ces associations agricoles si actives, si éclairées, si dévouées au bien public dont les membres se pressent dans cette enceinte ; et cette année, au concours régional de Nancy, comme l'année prochaine, sur le grand et pacifique champ de bataille de l'Exposition universelle, l'agriculture lorraine montrera qu'elle est restée fidèle aux traditions de son vieux maître.

Je vous propose, Messieurs, de confondre dans un même toast la mémoire de Mathieu de Dombasle et l'avenir de l'agriculture lorraine. Buvons aux progrès de notre agriculture par la science, par le travail, par les vertus austères du foyer, par la paix et par la liberté !

Toast de M. le Président du Comice.

Messieurs,

J'ai un triple toast à vous proposer, et d'abord ; à M. le Préfet de Meurthe-et-Moselle, protecteur éclairé de l'agriculture qui s'identifie à notre département en prenant part avec nous à la célébration d'une gloire lorraine, à sa bienvenue parmi nous, heureux que je suis d'être l'interprète de mes collègues pour le remercier de sa bienveillance pour le Comice de Lunéville.

En second lieu à MM. les délégués de la Société centrale et nationale d'agriculture de France, des agriculteurs de France, de la Société centrale d'agriculture de Nancy, du Comice de Saint-Dié, de Toul, de Château-Salins, de Rambervillers.

Enfin ! A vous tous, Messieurs, nos honorables invités que nous sommes heureux de voir ici au milieu de nous et qui en prenant part à notre manifestation, à la mémoire de Mathieu de Dombasle, travaillez aussi pour les progrès de l'agriculture, à nos invités ! à vous tous Messieurs !

Toast de M. de Bouvier, vice-président pour le canton de Bayon.

Je viens, au nom de mes collègues du Comice agricole, remercier les membres de la famille de l'homme éminent dont nous célébrons le centenaire, d'avoir bien voulu regarder aujourd'hui la famille de notre Comice comme sa propre famille et prendre part à notre fête.

Les Dombasle, Messieurs, savent et mettent en pratique cet adage : Noblesse oblige. Dans les rangs de l'armée comme dans les autres situations, tous servent leur pays avec le dévouement dont leur chef a donné l'exemple.

Vous parlerais-je de l'un d'eux, de M. de Meixmoron, de ce chercheur infatigable qui se consacre tout entier à l'honneur de suivre la tradition et l'œuvre de Mathieu de Dombasle. Vous le connaissez tous. Vous le trouvez se mettant avec bonheur au service des praticiens pour modifier et améliorer les instruments de sa fabrique, selon les désirs et les besoins de chacun. Vous le voyez toujours, comme son illustre aïeul, tout sacrifier à son dévouement aux intérêts agricoles.

Qu'il en reçoive ici un témoignage public de la reconnaissance du cultivateur et prenne une large part dans le toast que je porte *aux membres de la famille de Mathieu de Dombasle.*

Toast de M. de Meixmoron-Mathieu de Dombasle.

Au nom de tous les membres de ma famille, merci, Messieurs, merci mille fois de l'imposant hommage que vous rendez aujourd'hui à Mathieu de Dombasle. Je suis l'interprète de tous mes parents en vous disant combien nous sommes pénétrés de cette touchante manifestation, et quelle impression ineffaçable elle laissera en nous. Nous l'inscrirons en lettres d'or dans nos annales de famille, et nous en transmettrons pieusement le souvenir dans nos foyers, comme une date à jamais mémorable. Nous dirons à ceux que leur jeune âge a empêchés d'y assister qu'en un jour glorieux, sous le haut patronage du premier magistrat du département, devant une nombreuse assemblée de cultivateurs, de fervents adeptes du progrès, l'agriculture, le travail, toute une vie de dévouement au bien et à la patrie ont été acclamés en la personne d'un des nôtres. Nous leur dirons que le centième anniversaire de sa naissance a réuni, dans un même élan de chaleureuse sympathie, tout ce

que l'agriculture d'une région vaillante compte de défenseurs, aux-
quels sont venus se joindre, pour ajouter à l'éclat de ce solennel
centenaire, les représentants les plus éminents de la science
agricole.

A l'expression de notre reconnaissance je veux ajouter tous mes
remerciements pour les paroles beaucoup trop flatteuses qui m'ont
été adressées par l'honorable M. de Bouvier. J'en suis bien touché,
et, vous le comprendrez, bien confus. Ces éloges, Messieurs, vont
plus haut que moi, et ils rejaillissent tout entiers sur Mathieu de
Dombasle. C'est lui qui m'a tracé la voie dans laquelle votre bienveillante collaboration m'aide à marcher. Si je poursuis avec quelque utilité l'œuvre que mon père m'a léguée, après l'avoir conti-
nuée si dignement, et que mon ambition comme mon devoir sont
de rendre intacte à mes enfants, c'est le souvenir de mes prédé-
cesseurs qui me dirige, c'est ma vénération pour mon aïeul qui me
guide, et c'est à lui que je dois aujourd'hui une approbation qui
est la récompense la plus chère de nos efforts.

Cette fête, Messieurs, est la fête de l'agriculture, et personne
ne pouvait la célébrer mieux que vous. Qui mieux que vous s'ins-
pire des préceptes et des exemples de l'homme illustre dont l'éloge
a été fait tout à l'heure, avec tant d'éloquence et d'autorité, par
votre vénérable Président, par l'éminent Secrétaire perpétuel de la
Société nationale et centrale d'agriculture de France, et par l'agriculteur si distingué que vous comptez dans vos rangs ! Le Comice
agricole de Lunéville marche d'un pas sûr et ferme en tête du progrès. Sous la généreuse impulsion de M. Noël, dont le zèle est infatigable, chacun de vous apporte à l'édifice commun l'important
contingent de ses travaux, de ses études, de ses succès: Toutes les
questions utiles viennent tour à tour vous préoccuper, et il n'en
est pas une à laquelle vous ne trouviez une solution décisive. Vous
avez compris que l'agriculture, honorée, ennoblie par Mathieu de
Dombasle, est la source la plus féconde de notre richesse ; qu'en
elle résident la force, la sauvegarde, l'avenir de la France ; qu'elle
forme les hommes de devoir et d'action. Vous perpétuez les traditions de Roville : aussi, lorsqu'un jour, que j'appelle de mes vœux
et qui, je l'espère, est prochain, notre beau département sera doté
d'une école d'agriculture à laquelle il a tous les droits et tous les

titres, cette institution trouvera en vous tous les exemples qui en amèneront la prospérité. Membres du Comice de Lunéville, culti-vateurs éclairés, praticiens courageux, c'est à tous égards une fête de famille que celle qui nous rassemble, car vous êtes bien de la famille de celui qui a mérité d'être nommé le Père de l'agriculture française.

Messieurs, en ce jour de glorieux anniversaire, le petit-fils de Mathieu de Dombasle vous demande la permission de vous témoi-gner par un toast, en la personne de votre bien aimé Président, ses sentiments de reconnaissante affection.

Au Comice agricole de Lunéville.

Toast de M. Keller.

Messieurs,

J'ai l'honneur de vous proposer la santé d'un hôte éminent du Comice, M. Augustin Barral, secrétaire perpétuel de la Société na-tionale et centrale d'agriculture de France, délégué par elle à l'occasion du grand anniversaire que nous célébrons.

Porter cette santé, c'est boire à ce que nous souhaitons tous, à ce qui fait l'objet constant des travaux du Comice, c'est-à-dire à l'union de la science et de la pratique agricole, car nul aujourd'hui, mieux que M. Barral, ne personnifie cette union.

Parti de l'étude de la science pure, l'ancien élève de l'Ecole po-lytechnique, devenu ingénieur de l'Etat, quitta, bien jeune encore, ses fonctions pour se vouer plus librement à la recherche des phé-nomènes de la vie végétale et animale, à l'étude de tous les produits de la terre, pour devenir, en un mot, un des fondateurs et des maîtres incontestés de la chimie et de la physique agricole.

Le signaler par ce titre, ce n'est pas porter préjudice à bien des travaux, à bien des découvertes accomplis dans d'autres domaines de la science, et que l'heure avancée, non moins que mon incom-pétence, m'interdit d'apprécier ici; je crois cependant que M. Barral me permettra, surtout dans la solennité qui nous rassemble, de voir dans le progrès des sciences agricoles le but dominant de sa vie. Depuis lors, il l'a poursuivi partout et sans relâche, dans son en-seignement comme dans ses écrits, dans le laboratoire comme sur les champs de culture de toutes les parties de la France, comme dans ses voyages multipliés en Europe et en Amérique, et jusque dans lés couches les plus glacées de l'atmosphère, où il est allé, dans des ascensions célèbres, étudier la lumière solaire, avec M. Bixio, à plus de 7000 mètres de hauteur, par un froid terrible de 40 degrés.

Il serait long d'énumérer les résultats de cette vaste et continuelle enquête sur toutes les parties de la science agricole, météorologie, éléments chimiques, assolements, animaux de ferme, instruments de culture, constructions, prix de revient, etc. Je cite presque au hasard, comme particulièrement riches en ressources, et comme faisant date, les mémoires sur la *Statique chimique* de l'homme et des animaux domestiques, sur l'analyse des eaux de pluie, sur la fabrication du beurre, et surtout sur les engrais, question capitale que le savant ne cesse d'approfondir et dont vous appréciez l'importance.

Outre les éditions spéciales, vous trouverez ces travaux répandus dans les recueils les plus estimés, la *Revue des Deux-Mondes*, le *Dictionnaire des Arts et Métiers*, l'*Encyclopédie moderne* et bien d'autres ; mais celui de ces recueils que vous connaissez le mieux, c'est son œuvre la plus personnelle, le *Journal d'agriculture pratique*, où l'état du monde agricole est observé et noté jour par jour, où s'établissent des comparaisons lumineuses entre les produits et les procédés de culture de tous les pays, suivant les sols, les climats et les races, où enfin tout agriculteur intelligent et persévérant peut voir à son tour mentionner son œuvre et rendre justice à ses efforts.

Je n'ai pas à louer le talent de parole de M. Barral, vous êtes encore sous l'impression du tableau brillant et vrai qu'il vient de tracer de la vie de son illustre devancier. La clarté, la précision avec lesquelles il retraçait les œuvres de M. de Dombasle, suffiraient à montrer un homme pénétré de vues semblables et marchant au même but par l'observation savante et par l'application raisonnée. Le peintre est de la même race d'esprits que son modèle, et cette réunion est aussi pour lui une fête de famille.

Enfant de Metz, M. Barral nous est uni par un autre lien bien fort ; nous l'avons tous senti tout à l'heure lorsque la douleur étouffait sa voix au souvenir de sa ville natale, et nous nous sommes tous rappelé quel violent serrement de cœur nous avait saisis lorsque, tout en gardant notre indépendance, nous avons appris que la noble cité allait cesser d'être française.

Messieurs, le passage de notre hôte nous a permis de rendre justice à ses titres dans le passé à la reconnaissance des agriculteurs; il sera suivi, n'en doutons pas, d'autres services non moins signalés.

Buvons donc à la longue continuation de sa féconde et infatigable carrière!

Toast de M. Barral.

Messieurs,

Je remercie, du fond du cœur, les applaudissements dont vous venez de couvrir le toast si bienveillant que m'a porté votre vice-président, l'honorable M. Keller. Je ne prends pas ces applaudissements pour moi; je les reporte à la Société centrale d'agriculture de France qui a compté Mathieu de Dombasle comme membre correspondant, et dont je suis ici le modeste représentant. Une part en revient aussi à la Société des agriculteurs de France qui m'a également délégué parmi vous. Mais mon vieil ami de trente ans et mon confrère à la Société centrale, M. Chevandier de Valdrôme, qui comme moi est Lorrain vous dira, au nom de la Société des agriculteurs, les sentiments de toute la France pour la gloire agricole lorraine dont nous fêtons aujourd'hui le centenaire.

Je veux seulemeut vous exprimer un sentiment que j'ai vivement éprouvé dans le cours de cette journée mémorable. Ce ne sont pas seulement les anciens élèves de Roville qui, comme votre vénérable président M. Noël, ont eu le bonheur de connaître personnellement Mathieu de Dombasle, et de profiter de ses fécondes leçons; ce ne sont pas seulement les hommes d'un âge mûr qui, comme moi, ont vu son noble exemple donner des fruits abondants; ce sont surtout les jeunes agriculteurs qui ont tenu à honorer la mémoire du grand agronome. Fait éminemment consolant, et qui rassure pour l'avenir de notre patrie! J'ai été bien frappé de la remarquable étude de Dombasle dont a donné lecture votre jeune secrétaire M. Paul Genay. Il est parmi vous à la tête de la jeunesse agricole militante et vous lui avez donné comme collaborateur dans le bureau de votre Comice, qui est un des meilleurs Comices de France, un autre cultivateur de cet arrondissement, M. Émile

Suisse, dont l'ardeur pour le bien est à la hauteur de vos désirs.

Il y a quelques années encore, je vous l'avoue sincèrement, je me laissais aller à être de ces hommes qui, très-avancés dans la carrière en se reportant vers leurs jeunes ans, pour faire une comparaison avec ce qui se passe actuellement sous leurs yeux, disent : De notre temps, les choses étaient mieux, et nous valions davantage que les jeunes gens d'aujourd'hui. Je vous le déclare franchement, et non pas pour rechercher votre approbation, la jeunesse durant ces dernières années a fait d'immenses progrès : elle travaille et elle aime la patrie. Et me voici tout prêt à dire :

Jeunes gens, vous vaudrez mieux que nous. Vous nous remplacerez pour mieux défendre la France. Jeunes agriculteurs, vous hâterez tous les progrès. Vous donnez la preuve de ce que vous pouvez faire puisque vous vous empressez de venir rendre hommage à la mémoire d'un maître dont la naissance remonte à 100 ans. Il y a là une grande consolation pour ceux qui se sont efforcés de faire le bien. Ils sont heureux de penser que vous ne les oublierez pas et que vous voudrez encore faire mieux qu'ils n'ont pu faire.

Je porte un toast à la jeunesse agricole lorraine, à la jeunesse agricole française (à ce moment, M. Barral est interrompu par des applaudissements prolongés), et il ajoute après l'interruption forcée :

Vos bravos si pleins d'amitié me prouvent que nous pouvons, nous autres qui allons bientôt nous reposer dans la tombe, compter sur votre dévouement à la patrie malheureuse, sur votre zèle pour le bien, pour le progrès. Les intérêts particuliers ne vous rendront jamais égoïstes. Vous saurez faire des sacrifices. La vie est pleine de douleurs, mais il est doux de sentir que les jeunes gens ont l'âme pleine des nobles sentiments du patriotisme et du devoir.

Encore une fois, aux jeunes hommes de l'agriculture.

Toast de M. Chevandier de Valdrôme.

Messieurs,

Délégué par la Société des agriculteurs de France pour la représenter dans la solennité qui nous réunit aujourd'hui, j'ai, à ce titre, un double devoir à remplir.

Le premier, est de vous remercier de l'honneur que vous avez bien voulu lui faire en la conviant à fêter avec vous le centième anniversaire de la naissance de Mathieu de Dombasle, qui, certes, s'il eût vécu de nos jours, eût été l'un des premiers à applaudir à l'idée féconde qui a présidé à la fondation de la Société des agriculteurs, due à l'initiative de M. Drouyn de Lhuys.

Le second serait de vous parler de Mathieu de Dombasle, de ce courageux lutteur, qu'aucune difficulté n'a pu rebuter et dont les exemples ont été si vaillamment suivis par les nombreux et habiles agriculteurs qui se pressent dans cette enceinte. Mais que pourrais-je ajouter aux éloquentes paroles de mon savant confrère de la Société centrale d'agriculture, M. Barral, aux détails si intéressants que le secrétaire de notre Comice a bien voulu nous donner sur la vie et l'œuvre de Mathieu de Dombasle.

Heureusement pour moi, la Société des agriculteurs a voulu être représentée parmi vous par un des membres de votre Comice, par un Lorrain, et je remplis encore un devoir en venant, en son nom, vous parler des enfants de Lorraine, cette terre féconde qui, fière d'être française, n'en conserve pas moins avec un soin jaloux son caractère lorrain et le culte des hommes qui l'ont illustrée. La liste entière en serait trop longue à mettre sous vos yeux, elle dépasserait de beaucoup le cadre dans lequel je dois me renfermer. Car si, malgré de tristes événements et de douloureuses amputations, la Lorraine peut s'énorgueillir d'être restée une terre française, la France à son tour doit être fière de toutes les gloires que la Lorraine lui a apportées.

Dans les arts :

MM. Jacques Callot ; Claude Gelée, dit le Lorrain ; Girardet ; Clodion ; les deux Isabey ; Grandville.

Dans la littérature, la science et l'économie politique.

MM. dom Calmet ; le savant abbé Rohrbacher ; l'astronome Messier ; Bassompierre ; Boufflers ; l'abbé Grégoire ; le chimiste Braconneau ; Régnier, duc de Massa ; le baron Louis ; François de Neufchâteau, qui fut aussi un agriculteur.

Vous parlerais-je de Jeanne d'Arc, cette bergère héroïque qui arracha la France aux Anglais, de nos valeureux ducs de Lorraine et de leurs vaillants compagnons d'armes ; de l'intègre Drouot ; de Ney, duc d'Elchingen ; de Duroc, duc de Frioul ; de Mouton, comte de Lobau ; de Gouvion Saint-Cyr ; du comte Molitor ; de l'amiral de

Rigny ; et après tous ces noms illustres, après tous ceux que je n'ai pu citer, quelle pléiade de savants, d'artistes, de littérateurs, de guerriers, d'industriels et d'agronomes distingués marchent encore aujourd'hui sur les traces de leurs devanciers !

Je m'arrête et vous me permettrez d'ajouter, en terminant, que malgré ses aptitudes diverses, le peuple lorrain est avant tout *Laboureur* et *Soldat ;* comme ces héros de l'antique Rome, il sait quitter la charrue pour prendre le glaive et sait ensuite déposer le glaive pour reprendre la charrue. C'est là ce qui donne une si grande puissance à nos Sociétés lorraines d'agriculture, et c'est là aussi sans doute, ce qui a inspiré les Ediles de notre vieille capitale, lorsqu'ils ont placé, presque en face l'une de l'autre, les statues de Mathieu de Dombasle et du général Drouot.

Permettez-moi, Messieurs, de vous proposer au nom de la Société des agriculteurs de France, un toast aux enfants de la Lorraine !

Toast de M. Paul Genay.

Messieurs,

Nous ne devons pas oublier que pendant que nous célébrons la fête du centième anniversaire de la naissance de Mathieu de Dombasle, un des nôtres, qui depuis 40 ans fait partie du Comice, qui depuis 25 ans appartient à son bureau d'administration, M. Louis Parmentier, est retenu par la maladie. Il n'est pas présent de corps mais sa pensée est avec nous. Il me disait dernièrement : « Combien je regrette de ne pouvoir participer par ma présence à la belle fête, la fête de la reconnaissance, que prépare notre cher Comice, mais je serai en esprit avec vous ; je m'unirai à vous. Et passant a un autre sujet il a ajoutait : Je charme les loisirs que me laisse mon mal en préparant pour l'exposition que veut faire le Comice à l'exposition universelle de 1878, les bases de la statistique de l'arrondissement de Lunéville, on aura ainsi un point de départ pour la commission qui sera chargée de ce travail. S'exagérant alors la gravité de sa maladie il disait encore, il faut que je fasse cela avant de mourir, ce sera mon dernier travail au Comice. » Vous voyez, Messieurs, quel est le dévouement du cher vice-président de notre association. Aussi assuré que je suis d'être l'interprète de vos sentiments, je vous propose de boire à la santé de

M. Louis Parmentier, vice-président du Comice agricole de Lunéville.

Taast de M. Suisse.

Messieurs

Vous ne voudrez certainement pas vous séparer sans remercier d'une manière particulière les personnes zélées qui ont si bien secondé le bureau du Comice dans l'organisation de notre fête. Je viens donc vous proposer un toast à MM. Villard, Jacquet, Lamasse, Lescanne et aux membres du Comice qui ont parcouru les diverses parties de l'Arrondissement pour recueillir des adhésions à notre belle journée d'aujourd'hui.

Toast de M. Bruneau,

Messieurs,

Dans cette fête de famille qui réunit au Comice de Lunéville, à côté des délégués des grandes associations agricoles de France, les représentants de la société centrale d'agriculture de Nancy, ceux de Toul, de Saint-Dié. etc.

Ce ne sera pas oublier Mathieu de Dombasle, l'instigateur de ces réunions, en sortir des idées qui doivent nous animer aujourd'hui, que de vous présenter un toast de bonne confraternité.

Nos efforts tendent au même but, la prospérité de notre pays, notre réunion à tous ne peut que doubler leur force et nous faire atteindre plus sûrement le résultat que nous visons. Permettez-moi donc, Messieurs, de vous proposer de boire :

« A l'union complète et constante de tous les Comices de notre région. »

Toast de M. Huyn.

Messieurs,

J'ai l'honneur de remercier M. le Président du Comice de Lunéville, Messieurs les Membres du même Comice et toutes les personnes qui, par leurs soins et leur présence, ont contribué au succès de cette belle fête.

Je suis né dans l'arrondissement de Lunéville, et c'est dans ce même arrondissement que j'ai fait, dès l'âge de 7 ans, mes débuts dans l'agriculture. L'agriculture n'était point alors avancée comme elle l'est aujourd'hui. Ce résultat est dû, en grande partie, à l'influence des Sociétés d'agriculture, d'où l'ambition qui gâte tout est

absente et où règne toujours une franche et cordiale sympathie
entre des hommes, différant d'opinion sur bien des points sans doute,
mais se sentant intimement unis sur le terrain de l'agriculture,
parce que c'est la mère commune qui fait la force, la richesse et
l'honneur de la patrie.

C'est pourquoi, Messieurs, je vous propose un toast à la prospérité de l'agriculture, à la prospérité de ses serviteurs, nos hôtes,
les cultivateurs de l'arrondissement de Lunéville.

Toast de M. Thiry.

Cette fête, Messieurs, qui nous réunit aujourd'hui pour célébrer
l'anniversaire centenaire de notre illustre compatriote, nous apprend
qu'en Lorraine on sait honorer la mémoire de ceux qui ont été utiles à l'humanité.

Cette reconnaissance nationale doit encourager ceux qui travail-
lent au progrès de l'agriculture. Cette année, à l'époque du concours
régional qui aura lieu à Nancy, la Société centrale d'agriculture se
réserve aussi l'honneur de célébrer l'anniversaire du grand agronome qui fut son premier président.

J'espère, Messieurs, que, répondant à notre appel, vous voudrez
bien vous joindre à notre fête. Je n'ose vous la faire espérer aussi
somptueuse que celle-ci, mais vous y trouverez sûrement un cordial
accueil.

Toast de M. Bécus.

Mathieu de Dombasle naquit à Nancy il y aura demain un siècle;
il opéra promptement une révolution salutaire dans l'agriculture
Lorraine; qu'il fit progresser d'une manière étonnante ; ses nombreux travaux lui valurent bientôt un nom illustre donnant un re-
flet glorieux à la Province qui fut son berceau.

Dans la petite biographie que nous avons publiée sur le grand
agronome dont nous célébrons aujourd'hui le centième anniversaire
nous avons exprimé nos sentiments de respect et de gratitude,
pour les services signalés qu'il a rendus à toute notre région.

Notre parole n'a pas eu sans doute l'autorité d'un grand écrivain, mais si elle n'a pas eu le charme et la grâce nécessaires pour
émouvoir le cœur de nos cultivateurs et leur inspirer une vive reconnaissance envers Mathieu de Dombasle, elle a eu le mérite de
donner, sous une forme simple et vraie, le récit de la vie laborieuse

du plus grand agronome de notre époque, qu'ils doivent prendre pour exemple.

Il est inutile de rappeler ici les nombreux travaux de M. de Dombasle, il a touché à tout en agriculture. Nous disons seulement que la charrue si renommée qui porte son nom, qui a fait hardiment le tour du monde a opéré un changement soudain et remarquable dans la culture en apportant dans la situation des cultivateurs des améliorations sensibles et un bien être nouveau par les produits d'abondantes récoltes.

Il a ouvert des ateliers pour la construction de cette charrue, et le perfectionnement d'autres instruments agricoles.

Il a montré les avantages de la culture de la betterave indispensable aujourd'hui dans une exploitation bien tenue.

Il a publié des travaux et ses sages conseils, ont produit partout les meilleurs résultats.

Il a fondé cette célèbre école de Roville qui a donné à la France et à l'étranger des agriculteurs intelligents et des administeurs distingués.

C'est lui qui, le premier, a mis en usage cette comptabilité générale, appliquée aux opérations agricoles; dans l'ouvrage qu'il a publié sur ce sujet, il indique que l'utilité des comptes réguliers en agriculture doit être envisagée sous deux points de vue principaux: 1° comme moyen d'ordre et de bonne administration ; 2° comme moyen de direction dans l'amélioration des procédés.

Enfin il n'y a rien de plus frappant pour Mathieu de Dombasle que l'appréciation faite par nos éminents agronomes, établissant qu'il a certainement doté la France d'un excédant de recettes de 500 millions soit un dixième de la valeur des récoltes faites sur les terres labourables.

Rappeler sa vie et ses travaux, n'est-ce pas, Messieurs couvrir de fleurs la tombe de l'homme remarquable que nous regretterons toujours.

Profitons de l'occasion qui nous est offerte par cette fête du Centenaire, grâce à l'initiative de notre honorable président du Comice de Lunéville, pour revenir sur la question d'une médaille déjà réclamée à l'effet de perpétuer la mémoire de M, de Dombasle.

Acquittons-nous d'un devoir de reconnaissance envers l'homme illustre, qui a consacré son existence au progrès de l'agriculture, source de bien-être et de moralité pour les peuples. En léguant son effigie à l'admiration des générations futures, nous aurons consacré et couronné une si belle vie.

A la mémoire du Patriarche de l'agriculture Lorraine, aux mânes de Mathieu de Dombasle.

Toast de M. Collet, de Haussonville.

Messieurs,

Dans son admirable discours, sur l'influence qu'a exercée M. de Dombasle sur l'agriculture du XIXᵉ siécle, le savant M. Barral, nous a parlé en termes élogieux et mérités de la femme du cultivateur.

Et il a eu raison, car la femme du cultivateur, entre pour une bonne moitié dans la réussite de ses travaux. C'est animé de semblables sentiments que je vous propose un toast aux femmes des cultivateurs.

Toast de M. Paul Genay.

Avant de nous séparer, je vous propose dans un dernier toast de boire à tous les membres du Comice qui ont envoyé des produits de leur vignes ou de leur chasse pour rendre plus confortable le banquet fraternel de cette belle journée. A la santé de MM. Keller, Jeanmaire, Debuisson et Ribierre, les généreux fournisseurs des excellents vins de 1865 que nous venons de savourer. Généreux ! c'est bien le mot, car c'est à eux que sans conteste, nous devons l'animation sympathique qui n'a cessé de régner entre nous. A la santé de M. Chevandier de Valdrôme, le donateur du sanglier. C'est grâce à ces dons, Messieurs, c'est grâce aussi au désintéressement de notre maître d'hôtel, M. Hanriet, que les organisateurs peuvent vous offrir un pareil banquet pour une somme aussi modique. C'est l'explication que je donnais tout à l'heure à l'un de nos invités qui me disait que Lunéville était un pays de cocagne.